Mentalidad Millonaria

Descubre Los Secretos Y Hábitos De Los Ricos Con Técnicas Probadas Para Alcanzar La Libertad Financiera, Forjar Un Éxito Duradero, Manifestar Dinero Y Atraer La Prosperidad.

Samuel Feron

ISBN: 9781835123515

Contenido

Introducción

Si prestas atención a las redes sociales o sigues a influencers, probablemente habrás oído a alguien mencionar la mentalidad millonaria. Está arraigada en la cultura de los buscavidas. Entonces, ¿qué implica exactamente cuando alguien menciona tener una mentalidad millonaria o que necesitas una? ¿Todo el mundo la aprende por sí mismo?

La mentalidad millonaria no se define por ganar un millón de dólares. No se trata de la cuenta bancaria, los bienes inmuebles, la seguridad financiera o vivir en un penthouse en Nueva York.

Según las personas que defienden esto, tener una mentalidad millonaria implica concentrarse en cambiar tu vida, empezando por tu perspectiva, y alcanzar los objetivos que siempre has querido realizar. Tampoco es una tarea sencilla. Cada día, debes promover comportamientos y formas de pensar intencionales.

La idea es que los millonarios residen en un entorno de abundancia que les permite experimentar más logros y confianza en sí mismos. En primer lugar, debes actuar como si ya hubieras logrado tus objetivos para tener éxito. A continuación, tu éxito alimenta otros éxitos.

El consejo de planificación financiera más importante que puedo dar a los recién licenciados que hacen sus primeras incursiones en la vida adulta es tener una mentalidad millonaria. Esto no significa que la ambición de tu vida deba ser alcanzar una riqueza extrema. Sin embargo, adoptar una mentalidad millonaria te ayudará a crear una base financiera sólida que te permitirá alcanzar tus objetivos en la vida y convertirte en uno más de los millonarios.

Permíteme explicarte qué es un "millonario": según una investigación original, un millonario tiene un patrimonio neto de un millón de dólares. Esa suma supondría unos ingresos anuales de unos 30.000 dólares. Según los resultados del estudio sobre la riqueza mundial, eso no es en absoluto riqueza suficiente para llevar un estilo de vida lujoso en el mundo moderno.

Lo más probable es que conozcas a algunos millonarios. Viven con la mentalidad millonaria, por lo que es lógico que no los veas como personas ricas. Entonces, ¿cómo puedes desarrollar una mentalidad millonaria? Siguiendo los sencillos pasos que se describen en este libro.

1

El poder de una mentalidad millonaria

¿Te has preguntado alguna vez por qué algunas personas parecen enriquecerse cada día más mientras que otras se ven atrapadas en una lucha interminable por ganarse siquiera la vida de forma estable, y mucho menos aspirar a los millones? ¿Se debe a la diferencia en su compromiso, conocimientos, aptitudes, puntualidad, hábitos de trabajo, contactos, karma, o a su elección de trabajos, organizaciones o apuestas?

No se debe a "ninguna de las anteriores".

Puedes aprender todo lo que hay que saber sobre marketing, negociación, cómo sacar provecho de las ventas, cómo entender los tipos de cambio, cómo vender información, cómo vender bienes inmuebles, cómo vender productos agrícolas y una amplia gama de otras empresas que intercambian valor por dinero. Sin embargo, supongamos que tu estrategia financiera no está preparada para alcanzar altos niveles de éxito. En ese caso, nunca tendrás mucho dinero, y mucho menos llegarás a ser lo suficientemente rico como para ser millonario, manifestar riqueza o vivir una vida de abundancia.

Debes cambiar tu plan de efectivo si tus finanzas no van tan bien como quisieras.

Comprender la mentalidad de los ricos

Los ricos se diferencian de los pobres o incluso de la clase media en varios aspectos. Cuando hablo de ricos no me refiero a personas famosas extremadamente ricas como Oprah Winfrey, Beyoncé o Peyton Manning. Hablo del simple multimillonario, una posición que cualquiera con unos ingresos comparables a los de un médico puede llegar a alcanzar con una cantidad respetable de esfuerzo, disciplina y preparación.

Quizá la diferencia más importante entre un médico que se hará rico y otro que seguirá en la pobreza sea la mentalidad. En pocas palabras, los ricos y los que están destinados a serlo tienen seis formas de pensar diferentes de la mayoría de sus contemporáneos.

1. Los ricos piensan en el futuro:

Más que nada, las personas que son pobres, y seguirán siéndolo, no se plantean cómo será su vida dentro de 20 o incluso 5 años. Peor aún, se preocupan por sus planes para el almuerzo o el viernes por la noche.

Los ricos suelen planificar y empezar a contemplar su jubilación cuando tienen 20 años y obtienen su primer sueldo.

Los ricos están preparando su patrimonio para determinar a cuántas generaciones puede hacer sobrevivir su fortuna cuando la clase media empieza a pensar en la jubilación, normalmente a mediados de los 50.

Mike, de clase media, compra un coche nuevo a crédito cuando necesita sustituirlo porque no había previsto hacerlo. El adinerado Willy utiliza el dinero que ha ahorrado durante años para comprar el coche.

El pobre Peter tiene en cuenta el pago y cómo se relaciona con sus ingresos a la hora de determinar si puede comprar algo o piensa: "¿Cómo puedo reducir mi pago?". El rico Rick se pregunta: "¿Cuál es la forma más barata de adquirirlo?". Si hay que comprarlo a crédito, el Rico Rick y el adinerado Willy buscan la forma de pagar el menor interés posible o, como mínimo, comparan el tipo de interés con el rendimiento previsto de sus inversiones.

2. Los ricos priorizan la felicidad y la calidad en sus compras:

Una persona adinerada prioriza la calidad sobre el dinero a la hora de hacer una compra. Han descubierto que los artículos de calidad suelen ser más baratos a largo plazo porque durarán más debido a su mayor elaboración, así que no se trata simplemente de "si tienes que preguntar, no puedes permitírtelo". Y lo que es más importante, ya han decidido cuánto dinero deben gastarse para ser felices.

Ahorran lo suficiente para comprar un buen coche después de decidir que un buen coche les hará más felices que un barco nuevo, un viaje o jubilarse antes. Disfrutan de cada paso del proceso, como ahorrar dinero y anticiparse a la compra, realizar la compra y utilizar el artículo sin preocuparse de hacer más pagos.

3. La mentalidad de propiedad es un rasgo de los ricos:

En general, los ricos prefieren ser propietarios a empleados. Los ingresos de un empleado siempre están limitados a su salario, mientras que el potencial de ingresos de un empresario es ilimitado. Un empresario nunca pagará a un trabajador más de lo que puede ganar. Si lo hiciera, no habría dinero que ganar.

Los propietarios de una empresa se benefician cuando ésta funciona muy bien. Los propietarios sufren cuando funciona mal. Sin embargo, los empleados también sufren, ya que serán despedidos. Sólo hay una parte negativa y ninguna positiva.

Del mismo modo, los ricos quieren inversiones en las que actúen como propietarios. Esto incluye invertir en sus propias empresas y en las de otros, ya sean privadas o cotizadas (en bolsa). También realizan inversiones inmobiliarias para beneficiarse de la revalorización y el cobro de alquileres (y el crecimiento). En lugar de especular, invierten y retienen su dinero durante años en lugar de días.

Si invierten, las personas con bajos ingresos lo hacen en cuentas bancarias, certificados de depósito y otros valores comparables.

4. Los ricos dan prioridad a ayudar a los demás:

Una empresaria de éxito casi siempre se preocupa más por sus clientes que por sus ingresos. Es consciente de que si aporta valor a los demás, el dinero acabará llegando por sí solo.

Además, la utilidad marginal del aumento de los ingresos para el propietario disminuye notablemente a partir de un determinado grado de éxito. Si sigue trabajando, será porque disfruta haciendo buenas obras y creando cosas que valen la pena. No se trata de cobrar cada dos viernes, y centrarse en las necesidades de los demás conduce a un mayor éxito.

5. Los ricos se colocan en una posición de riesgo:

Si bien es cierto que los ricos suelen estar mucho más dispuestos a asumir riesgos importantes en sus trabajos y con sus inversiones que los pobres o los de clase media, también son profesionales a la hora de posicionarse de tal manera que puedan permitirse asumir ese riesgo.

Evitan las deudas de consumo, como las tarjetas de crédito y los préstamos para la compra de automóviles. Redujeron su deuda estudiantil y la pagaron más rápidamente que sus contemporáneos. Pueden disponer continuamente de dinero para nuevas inversiones, ya que viven con una pequeña parte de sus ingresos. Mediante gastos estratégicos y la reducción de la deuda, reducen sus gastos fijos corrientes. Conservan suficiente dinero en activos seguros para poner en marcha un negocio, atender una emergencia familiar o perder su trabajo sin tener que echar mano de sus fondos de jubilación o inversiones a largo plazo.

Además, conocen su valor en el sector y se esfuerzan por mejorar sus conocimientos y habilidades para que sus clientes y empleadores les valoren más cada año. El éxito genera confianza, que a su vez genera aún más confianza. En muchos sentidos, las personas que están destinadas a tener éxito pueden alcanzar la prosperidad a través del poder de la concentración.

6. Los ricos reciben educación financiera:

Los ricos dominan el lenguaje financiero y de inversión. Esto no significa que los ricos no consulten a profesionales financieros, contables o jurídicos. Saben que si ni siquiera puedes comunicarte en su idioma, mantener un diálogo significativo con un profesional financiero es imposible. Para los ricos, conceptos como inflación, depreciación, deducciones, cuentas IRA Roth, plusvalías a largo plazo y otros son palabras cotidianas. Sin embargo, para la mayoría de los estadounidenses, podrían ser palabras en chino. Los ricos enseñan a sus hijos este lenguaje, dándoles una ventaja competitiva en la escuela y en sus carreras.

Todo el mundo tiene la oportunidad de adquirir estos hábitos y habilidades, lo cual es fantástico. Aunque en nuestra cultura hay mucha desigualdad en cuanto a riqueza, y existen influencias externas, tú tienes el control total sobre una parte de tu éxito financiero. Si adoptas una mentalidad millonaria, podrás alcanzar tus objetivos financieros.

Cómo tu mentalidad determina tu futuro financiero

Tu mentalidad -más que tu nivel de ingresos, tu plan financiero o tu estrategia de inversión- es el elemento más crucial de tu vida financiera. Ninguna planificación o acción puede cambiar tu situación financiera actual si no tienes la mentalidad adecuada.

Una vida financiera terrible puede ser el resultado de tener una perspectiva negativa sobre el dinero, la gestión del dinero y la planificación financiera. Aunque tener una perspectiva más optimista te hace más propenso a dar los pasos necesarios para hacer realidad tus objetivos, no indica necesariamente que vayan a suceder cosas maravillosas de la noche a la mañana.

¿A qué estás dispuesto a renunciar ahora para alcanzar tus objetivos futuros? ¿Estás dispuesto a renunciar a tu tiempo con los amigos los fines de semana para trabajar en un segundo empleo con el fin de pagar la deuda y empezar a ahorrar dinero para el futuro? Si esto te permite mejorar tu situación financiera de cara al futuro, ¿estás dispuesto a cambiar tu vehículo actual por otro más barato? La positividad en tus perspectivas financieras fomenta una conducta eficaz y una relación sana con el dinero.

Lograr una perspectiva financiera sólida es similar a ir al gimnasio. ¿Cuántas personas se proponen perder peso o mejorar cada mes de enero? ¿Con qué frecuencia no consiguen mejorar? ¿Eres también culpable de ello? Imagina que los gimnasios del país vuelven a abrir sus puertas. La gente acudirá en masa a los gimnasios de su barrio para volver a ser quienes eran antes de la cuarentena, del mismo modo que los Caminantes Blancos acudieron en masa a Invernalia. A las pocas semanas de su misión, desaparecerán abruptamente de los gimnasios, exactamente igual que los Caminantes Blancos y toda la trama de la octava temporada de Juego de Tronos.

¿Por qué tantas personas se fijan metas pero nunca las cumplen? La respuesta es sencilla: su mentalidad. Al fijarse objetivos, la mayoría de la gente tiende a ser demasiado general, lo que reduce considerablemente sus posibilidades de éxito. Entre los objetivos que carecen de claridad y no pueden medirse ni controlarse se incluyen el deseo de estar guapa en bañador, reducir peso, salir de deudas o tener más dinero.

Como resultado, la probabilidad de que esos objetivos se alcancen es mínima.

¿Cómo sabes qué hacer para adelgazar si te dices a ti mismo que quieres perder peso pero no especificas cuántos kilos quieres perder o ni siquiera sabes cuál es tu peso actual? Como alternativa, decídete a perder una cierta cantidad de peso, como 5 kilos en 10 semanas. Al tener un objetivo claro, puedes hacer un seguimiento de tu progreso y realizar los ajustes necesarios para mantener el rumbo, lo que aumentará en gran medida tus posibilidades de éxito.

Lo mismo puede decirse de tu situación financiera. ¿Cómo podrás alcanzar tus objetivos si no te sientas y haces planes para cada uno de ellos, como jubilarte cómodamente o pagar las deudas? Si tu objetivo es librarte de las deudas, debes calcular cuántas deudas tienes ahora, qué parte de tus ingresos mensuales se destina a pagarlas y cuántos ingresos adicionales necesitarías generar para saldarlas en el plazo que prefieras. Determina tu fecha de jubilación, selecciona cuántos ingresos te gustaría tener en la jubilación y, a continuación, calcula cuánto dinero necesitarás invertir para obtener unos ingresos de jubilación realistas si quieres tener una jubilación agradable. Comparo la economía con la forma física porque son dos ámbitos de la vida en los que engañar no es una opción.

Ser sincero con uno mismo es crucial para tener una perspectiva financiera sólida. Todos somos emocionales, impulsivos y desordenados de vez en cuando, por lo que crear un presupuesto excesivamente riguroso que no permita los impulsos ocasionales socavará tus esfuerzos por mejorar tu situación financiera. Unas restricciones financieras estrictas pueden obligarte a dejar de ceñirte a tu presupuesto o a renunciar totalmente a él, del mismo modo que una dieta extremadamente restrictiva puede provocar deseos más fuertes de desviarte del plan de comidas. Sentirte hambriento puede hacer que desprecies tus esfuerzos y te comportes de forma irracional. Un componente fundamental para tener una perspectiva financiera positiva es ser consciente de tus vicios impulsivos y desarrollar un plan para controlarlos de forma saludable, sin dejar de recompensarte de vez en cuando. No hay nada malo en darte un capricho mientras sigues centrándote en tu bienestar financiero.

Aunque hay cosas que no puedes controlar, como cuando el mercado baja, sí puedes controlar tu perspectiva y los métodos en los que te basas para decidir qué es lo mejor para tu futuro. En las primeras etapas de tu viaje financiero, es crucial mantener el rumbo y tu atención en los resultados favorables de tus objetivos. Determina los pasos para mantener tu motivación durante los siguientes uno, cinco, diez o incluso veinte años. Tu objetivo siempre cambiará, pero si te mantienes motivado y recuerdas tu meta final, podrás seguir avanzando en la dirección correcta. Algunas personas crean tableros de visión o gráficos de objetivos para recordar sus metas, pero tú debes hacer lo que te motive de forma más natural y satisfactoria.

Recuerda que puedes llegar a ser financieramente libre cambiando tu forma de pensar y comprometiéndote a ser responsable de tus objetivos y tu éxito. Cuando tengas claros tus objetivos financieros, deberías pensar en buscar un asesor financiero que te mantenga inspirado e informado. Aunque en ocasiones nos motivamos por nosotros mismos, la mayoría de nosotros necesitamos algún tipo de inspiración externa, especialmente cuando nos encontramos en nuestros momentos más bajos. Aunque sólo sea eso, contratar a un asesor financiero te ayudará a mantener el compromiso con los hábitos de gasto y ahorro que te garantizarán el éxito a largo plazo.

2

Los secretos de los ricos

Probablemente sea cierto que los ricos parecen poseer conocimientos financieros que el resto de nosotros no tenemos, a pesar de las apariencias. La Reserva Federal cree que debe haber una causa para el hecho de que el 1% de las personas más ricas posea hoy más del 30% de la riqueza mundial.

Puede que los secretos de la acumulación de riqueza sólo los conozcan los ricos, pero eso no les obliga a mantener ocultos sus conocimientos.

Todo el mundo quiere ser rico, pero pocos saben cómo conseguirlo. Contrariamente a la creencia popular, no hace falta mucho dinero para iniciar el camino hacia la riqueza, y muchas de las personas más ricas del mundo tuvieron unos comienzos realmente humildes. ¿Cuál es su secreto?

Todo depende de cómo gestiones tus finanzas. Los empresarios tienen un mayor grado de control sobre sus ingresos que la mayoría de la gente. Esto demuestra que si gestionas bien tu dinero, puedes amasar riqueza. Ganar tanto dinero como sea posible es vital, pero también lo es saber cómo invertirlo y ahorrarlo sabiamente.

Estrategias para acumular y gestionar el patrimonio

Con el tiempo, las compras menores y las decisiones financieras pueden parecer poco importantes. La diferencia de precio entre un café mediano y uno grande no afectará a tu edad de jubilación.

En realidad, sin embargo, la respuesta es más complicada que un simple sí o no. Por un lado, una sola taza de café no puede cambiar el rumbo de tu vida. Pero, ¿y si eliges sistemáticamente la taza de café más grande? Si multiplica ese dólar extra por 365 días al año, obtendrá una suma importante de dinero que podría repercutir en tu situación financiera a largo plazo.

Crear riqueza no es un acontecimiento o una elección significativa. Para la mayoría de las personas, el dinero es el resultado de una toma de decisiones deliberada y de un gasto atento. Tus frecuentes decisiones de compra son el punto de partida ideal si quieres empezar a aumentar tu riqueza y mejorar tus perspectivas financieras. He aquí siete tácticas que te ayudarán a alcanzar tus objetivos.

1. Lo mejor es empezar a ahorrar de inmediato:

Tanto si inviertes en una cuenta de ahorro como en un fondo de jubilación, los intereses se acumulan con el tiempo. Al principio de su carrera, la mayoría de la gente no tiene mucho dinero extra, pero incluso los pequeños ahorros pueden acumularse con el tiempo.

Si no tienes mucho dinero, ahorra 10 o 25 dólares cada vez, lo que cuesta una entrada de cine o una cena en un restaurante. Poco a poco irás acumulando ahorros, empezarás a ganar intereses y adquirirás el hábito de ahorrar dinero.

2. Benefíciate de la participación en el plan 401(K):

Si tu empresa iguala tus aportaciones al plan 401(k), utilizar los fondos de igualación tan pronto y tan a menudo como sea posible es lo que más te conviene desde el punto de vista financiero. Las aportaciones de contrapartida son las cantidades que tu empresa aportará a tu plan 401(k) además de las tuyas propias.

Si tu empresa, por ejemplo, te ofrece un 5% de aportación paralela a tu 401(k), significa que, suponiendo que cumplas los requisitos para tu aportación personal, ellos también aportarán un 5% a tu cuenta de jubilación. Demasiados trabajadores pierden la oportunidad de utilizar este dinero gratis. Si ganas $50.000, por ejemplo, un 5% de aportación paralela de tu empresa podría ofrecerte $2.500 más de beneficios cada año, que irían a parar a una cuenta de jubilación con impuestos diferidos.

3. No confíes en tu capacidad para ceñirte a un presupuesto:

Los planes de ahorro a largo plazo son sencillos de establecer, pero algunos consumidores tienen problemas para ingresar el dinero en su cuenta de ahorro. Hazte un favor y resiste la tentación de malgastar el dinero ahorrado: Crea un calendario

de aportaciones automáticas al ahorro y paga tus ahorros
mensuales como cualquier otra obligación.

Con el tiempo dejarás de recordar cuánto dinero has ahorrado y el hábito se afianzará. Sin embargo, podrás relajarte
sabiendo que sigues tu estrategia si sigues automatizando tus
ahorros.

4. Utiliza una aplicación de gestión del dinero para llevar un registro de cada compra:

¿Sabes adónde va tu dinero? Si no lo sabes, podrías sor-
prenderte de lo mucho que estás pagando por el café o los
servicios de streaming. Puedes revisar tus hábitos de gasto y
hacer las correcciones necesarias para mejorar tu capacidad
de gestión del dinero utilizando herramientas que se conectan
a tus cuentas bancarias.

Busca una herramienta para gestionar tus finanzas y empieza
a utilizarla para evaluar tus patrones de gasto semanales y
mensuales. Encuentra oportunidades para tomar decisiones
más sensatas y crear rutinas que reduzcan tu gasto mensual y
aumenten tu capacidad de ahorro.

5. Aumenta tus ahorros, no tus gastos, a medida que ganes más dinero:

Abstente de empezar a gastar más cuando tu sueldo neto
aumente como consecuencia de los incrementos salariales de
tu empresa. En su lugar, aumenta tus ahorros mensuales con
ese dinero extra.

Es aceptable que de vez en cuando te des un poco más de
dinero para gastar, pero utiliza los aumentos salariales para

mejorar tus esfuerzos de inversión y ahorro. Una vez cubiertas tus necesidades, puedes aumentar tus gastos.

6. Considera constantemente tu objetivo financiero futuro:

Un planteamiento a largo plazo implica ahorrar. A lo largo del camino, te centrarás en otros objetivos de ahorro, como comprar una casa, establecer un fondo de emergencia e incluso cubrir los gastos universitarios de tus hijos. No importa adónde te lleve la vida, asegúrate de que no estás dejando que tu situación financiera se eche a perder utilizando tus técnicas de ahorro para avanzar hacia el siguiente objetivo.

Nadie puede prever cómo cambiarán tus necesidades o tus objetivos financieros con el paso del tiempo. Aunque te sientas financieramente seguro, seguir ahorrando ampliará tu red de seguridad financiera y te situará en una posición que te permitirá alcanzar nuevos objetivos a medida que vayan surgiendo. Aunque tu dinero esté en excelente forma, muchas personas ricas trabajan constantemente para conseguir objetivos de ahorro. Esto sólo demuestra que nunca se es demasiado rico para dejar de ahorrar.

7. Siempre que sea posible, no tengas deudas:

Algunas deudas son necesarias para alcanzar objetivos financieros. Probablemente no comprarás una casa sin pedir una hipoteca, a menos que te toque la lotería. Pero, en general, si te tomas en serio lo de convertirte en un ahorrador prudente, deberías evitar endeudarte. Utiliza tus ahorros para comprar tu coche al contado en lugar de pedir un préstamo. Lo mismo se aplica a cualquier otra compra importante que puedas hacer. Las tarjetas de crédito son un gran instrumento financiero, pero sólo utilízalas si estás seguro de poder pagar la suma total cada mes; de lo contrario, corres el riesgo de caer en un agujero financiero importante y costoso.

Crear riqueza es un procedimiento que lleva tiempo. Para crear seguridad financiera a largo plazo, hay que ser persistente y paciente y practicar buenos hábitos de ahorro. Tu constancia se verá recompensada si tomas decisiones diarias sensatas desde el punto de vista financiero.

Establecer objetivos y crear una hoja de ruta hacia el éxito

Establecer objetivos es crucial para ampliar tu negocio. Los objetivos proporcionan concentración, impulso y una forma precisa de medir tu progreso. Las mismas ideas se aplican a la fijación de objetivos para tu vida personal, aunque esta parte se centre en la fijación de objetivos para tu negocio.

Podría resultarte difícil mantener la concentración y comprender el panorama general sin objetivos y una estrategia para hacer un seguimiento de los mismos. Para llegar de donde estás ahora a donde quieres estar, fijar objetivos puede ayudarte a trazar un camino.

Los siguientes consejos te ayudarán a fijar metas para tu concesión, centrarte en tus objetivos y empezar a llevar a cabo tu estrategia.

1. Empieza por tu sueño:

El primer paso para definir objetivos es considerar todas tus aspiraciones. En esta fase, esos sueños no tienen por qué basarse en la realidad, así que no restrinjas tu pensamiento a las posibilidades. Ahora es el momento de considerar todas las posibilidades sin tener en cuenta ninguna limitación.

Empieza por escribir en un papel tus objetivos para el próximo año, cinco años y diez años. Sin preocuparte de cómo llegarás a ellos, haz una lista de todos los posibles resultados, grandes y pequeños.

2. Elabora una lista de posibles resultados:

Es hora de celebrar una sesión de brainstorming para sacar a relucir cualquier concepto que aún pueda estar oculto en tu subconsciente tras identificar tus sueños más vívidos.

Puedes utilizar cualquier técnica de brainstorming que te funcione mejor. Aquí tienes algunas técnicas de brainstorming que puedes intentar si tienes problemas:

- **Brain Dump (descarga de ideas)** - Da rienda suelta a tus pensamientos y anota todo lo que se te ocurra, independientemente de si tiene sentido o no.

- **Hacer una lista** - Concéntrate en una idea importante cada vez y haz un resumen de todos los objetivos potenciales que podrían incluirse en cada noción más amplia.

- **Mapas mentales** - Empieza con un solo concepto y utiliza palabras e imágenes para mapear conceptos relacionados.

3. Ordena las opciones:

Poner por escrito todos los sueños e ideas de los pasos 1 y 2 y darles sentido es la siguiente fase. Resulta útil clasificar los pensamientos en varias categorías en función de parámetros que sean significativos para ti.

Por ejemplo, puedes clasificar tus ideas en función de tus prioridades y ordenarlas según su importancia para ti. Se podrían clasificar en función de la viabilidad, el tiempo necesario, el impacto financiero y la aceptabilidad de las ideas.

El método que utilices para generar categorías para tus ideas es más importante que las propias categorías.

Puede que te sorprenda la cantidad de solapamientos que existen si agrupas tus ideas y creas categorías útiles. Una vez terminada esta fase, puedes descubrir temas recurrentes que siguen apareciendo. Señalar tus objetivos más críticos puede indicarte que vas por el buen camino.

4. Haz un plan:

Tras completar el Paso 3, deberías ser capaz de identificar uno o dos objetivos empresariales a los que quieras prestar especial atención. Si no es así, vuelve al Paso 3 y reabre el proceso de lluvia de ideas.

Tu plan de acción debe especificar los pasos exactos que debes dar sin dejar de considerar por qué el objetivo es importante para ti y qué significará para ti si lo consigues.

El término "establecimiento de objetivos SMART" hace referencia a un procedimiento de planificación que evalúa cinco factores únicos para valorar la viabilidad de un objetivo. Es un procedimiento bien definido que convierte tu objetivo de una noción general a una realidad.

Se han asociado muchas otras terminologías con el acrónimo SMART, pero aquí se ofrece el desglose que mejor describe la fijación de objetivos empresariales.

S de Specific (específico)

Puede que sólo tengas una idea general de lo que quieres conseguir cuando empieces a fijar objetivos. Sin embargo, debes tener claro cuál es tu objetivo a medida que avanzas en el procedimiento.

Un objetivo específico debe esbozar lo que esperas conseguir, por qué es importante y cómo piensas hacerlo.

M de Measurable (medible)

Debes decir con seguridad si has conseguido alcanzar tu objetivo. Para lograrlo, debes idear un método de seguimiento de tus progresos y resultados.

Un objetivo medible debe tener un plan con metas y puntos de control que puedas utilizar para medir tu progreso a lo largo del proceso y debe hacer evidente cuándo se ha realizado la tarea.

A de Achievable (alcanzable)

Los objetivos empresariales pueden suponer un reto y sacarte de tu zona de confort. Si tu objetivo y tu plan de acción no son realistas, puedes abocarte al fracaso.

Un objetivo realista debe tener una estrategia que lo divida en tareas más pequeñas y alcanzables que puedan completarse dentro del plazo asignado. Este plan también debe ser práctico.

R de Relevant (relevante)

La posibilidad de alcanzar un objetivo corporativo dependerá a menudo de su relevancia. Los objetivos que no tienen en cuenta todos los demás elementos que repercuten en tu empresa tanto directa como indirectamente suelen ser imposibles de alcanzar.

En última instancia, un objetivo debe tener sentido en relación con la estrategia empresarial, la declaración de objetivos, el mercado y la clientela de tu empresa.

T de Time-bound (con un plazo determinado)

Los objetivos empresariales deben tener un límite temporal; no pueden ser indefinidos. Un plazo también puede infundir una sensación de urgencia que te inspire. Tu objetivo debe especificar una duración y un plazo preciso para cada paso del proceso para que se considere basado en el tiempo.

Crear objetivos es un proceso continuo. Debes evaluar con frecuencia tu evolución. A lo largo del año, puede ser necesario modificar los objetivos. A medida que pasa el tiempo, las circunstancias pueden obligarte a reordenar tus objetivos en función del mercado, los cambios legislativos y otros factores que puedan afectar a tu concesión.

Establecer objetivos es similar a planificar el itinerario de un viaje. Tus ambiciones trazan el mapa de tu éxito. Sin objetivos, tú respondes a las situaciones a medida que surgen y sigues su curso. Evita perderte por el camino. Si sigues la hoja de ruta trazada con tus objetivos en mente, tendrás muchas más probabilidades de llegar a tu destino.

Crear múltiples fuentes de ingresos

Elaborar una estrategia de creación de riqueza es un componente de la elaboración de ideas para muchas fuentes de ingresos. Tu estrategia debe basarse en una combinación de lo que yo llamaría los "cuatro pilares de la creación de riqueza", que incluyen minimizar tus gastos (deudas, gastos de manutención, etc.), elaborar un presupuesto saneado, aumentar tus ingresos y maximizar el uso de tu dinero.

Al aumentar tus ingresos, puedes ahorrar, invertir y saldar tus deudas más rápidamente. Puedes acortar considerablemente el tiempo para alcanzar tus objetivos financieros. Más que si tu único objetivo fuera reducir tus gastos.

Analicemos muchas ideas de fuentes de ingresos que pueden aumentar tus ingresos y acelerar el proceso de desarrollo del dinero.

Los 3 mejores métodos para generar varias fuentes de ingresos

Ingresos activos, ingresos pasivos e ingresos de cartera son las tres estrategias para generar distintos tipos de ingresos. Cada una requiere un esfuerzo diferente.

Al igual que diversificas tus inversiones, debes hacer lo mismo con tus fuentes de ingresos. Ahora, vamos a discutir cada uno de estos 3 métodos para generar dinero en efectivo.

1. Fuentes activas de ingresos:

Los ingresos activos son los que obtienes por prestar un servicio o intercambiar tu tiempo por dinero. La renta activa es el dinero que obtienes trabajando cada día para un empleador o dirigiendo un negocio.

De este modo, puedes ganar dinero intercambiando tu tiempo y tus servicios por él. Naturalmente, los ingresos activos requieren más tiempo para desarrollarse en comparación con otras fuentes de ingresos.

El salario, las comisiones, las bonificaciones y las propinas son ejemplos concretos de ingresos activos. Puedes aumentar tus ingresos a través de las fuentes activas de ingresos aceptando un trabajo a tiempo parcial, iniciando un negocio secundario, aumentando tus tarifas o encontrando un empleo mejor remunerado.

2. Fuentes pasivas de ingresos:

Los ingresos pasivos son los que tus activos generan para ti sin que tengas que intercambiar tu trabajo, es decir, sin que tú participes activamente. Suelen estar relacionados con los negocios o los bienes inmuebles.

Puedes desarrollar muchos flujos de ingresos pasivos incluyendo un componente pasivo en tu negocio, utilizando el marketing de afiliación, comprando inmuebles, etc.

Cuando se trata de ingresos pasivos, existen numerosas fuentes de inspiración. ¡Lo mejor es tener más!

3. Fuentes de ingresos de la cartera:

Los ingresos que recibes de tus inversiones se conocen como ingresos de cartera. Los ingresos de cartera, por ejemplo, son el dinero que recibes cuando vendes activos de tu cartera de acciones con beneficios.

Los intereses, las plusvalías y los dividendos son tipos más específicos de ingresos de cartera.

Comprando acciones firmes, bonos y diversos fondos bursátiles, puedes aumentar los flujos de ingresos de tu cartera de inversiones. Haz esto para aumentar tus inversiones con el tiempo y generar ingresos de cartera.

3

Técnicas probadas para la libertad financiera

S i pedimos a un grupo de personas que definan la libertad financiera, probablemente obtendremos una docena de respuestas diferentes.

Algunos definen la libertad financiera como tener suficiente dinero al mes para cubrir sus gastos y un fondo de emergencia completamente dotado. Otros prefieren jubilarse pronto y hacer viajes largos.

Dedicar tiempo a pensar en tus prioridades y ser sincero contigo mismo es crucial. Sea cual sea tu definición de libertad financiera, aquí tienes algunos pasos que puedes dar para hacer realidad tus objetivos de futuro.

Ahorro y presupuesto

La mayoría de la gente necesita un medio para hacer un seguimiento de sus actividades financieras mensuales. Un presupuesto puede proporcionarte una sensación de control financiero y facilitarle el ahorro para alcanzar tus objetivos. Encontrar un sistema de seguimiento financiero que funcione para ti es el truco. Los siguientes pasos pueden ayudarte a elaborar un presupuesto.

Paso 1 - Determina tus ingresos netos:

Un presupuesto eficaz tiene como componente principal tus ingresos netos. El sueldo neto es el total de tu salario o ingresos menos los impuestos y cualquier ventaja que te ofrezca tu empresa, como planes de jubilación y seguro médico. Si te centras en tu salario bruto en lugar de en tu sueldo neto, puedes gastar más de la cuenta, ya que pensarás que tienes más dinero disponible del que realmente tienes. Si trabajas como autónomo, contratista o por cuenta propia, lleva un registro meticuloso de tus contratos y compensaciones para poder gestionar mejor los ingresos impredecibles.

Paso 2: Controla tus gastos:

Para saber adónde va el dinero, hay que saber cuánto entra. Puedes averiguar en qué gastas más y dónde sería más fácil recortar gastos haciendo un seguimiento y clasificando tus gastos.

Enumera primero los gastos fijos. Son los gastos mensuales típicos, como el pago de los servicios públicos y del coche, el alquiler o la hipoteca, etc. A continuación, enumera los gastos variables, como la comida, la gasolina y el ocio, que pueden variar de un mes a otro. Es posible que descubras oportunidades de ahorro en este ámbito. Los extractos bancarios y de tarjetas de crédito suelen desglosar o agrupar los gastos mensuales, por lo que son un buen punto de partida.

Deberías utilizar todo lo que esté a tu alcance para hacer un seguimiento de tus gastos diarios, incluida una aplicación para smartphone, un bolígrafo y papel, u hojas de cálculo o plantillas de presupuestos en línea.

Paso 3 - Establece objetivos sensatos:

Enumera tus objetivos financieros a corto y largo plazo antes de ordenar los datos recopilados. Los objetivos a corto plazo, que pueden alcanzarse en uno o tres años, pueden incluir la creación de un fondo de emergencia o la reducción de la deuda de la tarjeta de crédito. Los objetivos a largo plazo, como planificar la jubilación o financiar los estudios de tus hijos, pueden llevar décadas. Aunque tus objetivos puedan variar, ser consciente de ellos te ayuda a motivarte para ceñirte a tu presupuesto. Por ejemplo, puede ser más fácil reducir el gasto si sabes que estás ahorrando para unas vacaciones.

Paso 4 - Crea un plan:

Donde todo confluye es en la distinción entre lo que gastas y lo que aspiras a gastar. Para prever tus gastos de los próximos meses, utiliza los gastos variables y fijos que hayas establecido. A continuación, compáralos con tus prioridades e ingresos netos. Considera la posibilidad de establecer límites de gasto explícitos y alcanzables para cada categoría de gasto.

Puedes dividir tus gastos en necesidades y deseos para dividirlos aún más. La gasolina, por ejemplo, se considera una necesidad si conduce todos los días al trabajo. Sin embargo, una suscripción mensual de música puede considerarse un deseo. Esta distinción resulta crucial a la hora de determinar cómo redirigir el dinero hacia tus objetivos financieros.

Paso 5 - Modifica tus gastos para que se ajusten a tus posibilidades:

Después de documentar tus ingresos y gastos, podrás hacer los cambios necesarios para no gastar más de la cuenta y disponer de dinero para alcanzar tus objetivos. Tus "deseos" deberían ser el primer ámbito en el que hagas recortes. ¿Es posible ver una película en casa en lugar de en el cine? Si ya has cambiado lo que gastas en deseos, presta mucha atención a lo que gastas cada mes en pagos. Examinándolo más de cerca, puede que una "necesidad" sólo sea "difícil de desprenderse".

Plantéate modificar tus gastos fijos si tus cálculos siguen sin tener sentido. Por ejemplo, ¿puedes ahorrar más dinero en el seguro de la vivienda o del coche si comparas precios? Este tipo de decisiones conllevan importantes contrapartidas, así que sopesa cuidadosamente tus opciones.

Ten en cuenta que incluso una pequeña cantidad de ahorro puede llegar a ser grande. Hacer cambios graduales puede resultar en una suma sorprendentemente grande de dinero extra.

Paso 6 - Revisa sistemáticamente tu presupuesto:

Una vez establecido el presupuesto, es fundamental comprobar periódicamente los gastos para asegurarte de que sigues por el buen camino. Los componentes de tu presupuesto no son inamovibles: Tus gastos pueden cambiar, puede que te suban el sueldo o que alcances un objetivo y quieras planificar uno nuevo. Sea cual sea el motivo, revisa periódicamente tu presupuesto siguiendo los procedimientos descritos.

Gestión de la deuda: Liberarte de las limitaciones financieras

Ya te has movido en el camino correcto si estás buscando un mejor enfoque para la gestión de tu deuda para eliminar la mayor parte o la totalidad. Una hipoteca puede ayudarte a hacer realidad el objetivo de ser propietario de una vivienda e incluso puede ayudarte a generar riqueza si tu vivienda aumenta de valor a medida que te preparas para seguir adelante. Pero tener demasiadas deudas o deudas inadecuadas, como las de las tarjetas de crédito con intereses elevados, puede dificultar la consecución de otros objetivos financieros.

Quizá desees considerar estas siete acciones para gestionar mejor tu deuda.

1. Haz balance de tus finanzas:

Primero las prioridades. Anota todas las deudas que aún tengas pendientes. Incluye los tipos de interés de cada una para identificar cuáles te cuestan más.

2. Examina tu historial crediticio:

Una o varias empresas de informes de crédito deberían enviarte una copia gratuita de tu informe crediticio. Esto te ayudará a asegurarte de que no has pasado por alto ninguna deuda impagada. Además, suele ser una buena idea comprobar que no haya cuentas con las que no estés familiarizado. Si quieres conocer tu puntuación crediticia, pregunta a tu proveedor de tarjetas de crédito o a tu banco si pueden proporcionarte la información gratuitamente.

3. Debes estar atento a las oportunidades de fusión:

¿Puedes combinar varios préstamos con tipos de interés altos en uno con un tipo de interés más bajo? ¿Hay algún préstamo personal a bajo interés que puedas pedir para pagar los saldos de las tarjetas de crédito con intereses altos? Antes de consolidar o refinanciar cualquier préstamo estudiantil, debes examinar cuidadosamente tu elegibilidad para los programas federales de condonación de préstamos, ya que la consolidación o refinanciación de préstamos puede afectarla.

4. Sé sincero sobre tus compras:

Es importante que analices tus gastos mensuales con sinceridad si la deuda te parece abrumadora. ¿Hay algún gasto que puedas reducir o del que puedas prescindir? Limitar las nuevas deudas que contraes forma parte de la reducción de la deuda.

5. Calcula el importe que debes pagar:

Tras la consolidación, calcula tu obligación de pago mensual anotando los pagos mínimos adeudados y sumando la cantidad a tu presupuesto. Si la suma supera tu presupuesto, puede que tengas que consultar a los prestamistas para establecer condiciones alternativas.

6. Determina cuánto dinero más puedes ahorrar:

Determina cuánto dinero extra de tu presupuesto puedes destinar a la reducción de la deuda una vez que conozcas la cantidad básica mensual que debes pagar por tus deudas. Con suerte, los gastos que recortes te darán algo de dinero extra para invertir en tu objetivo.

7. Elige tu plan de reducción de deudas:

La forma de abordar tu deuda depende de ti. Los dos enfoques más comunes son pagar primero los saldos con los tipos de interés más altos o pagar primero los saldos con los tipos de interés más bajos. El segundo puede ayudarte a mantener el impulso y percibir el progreso, mientras que el primero te ahorrará más dinero a largo plazo. En cualquier caso, estás avanzando en la dirección correcta, ¡así que no te muevas de ella!

Invertir con inteligencia

Muchos estadounidenses buscan formas de aumentar el dinero que destinan a sus ahorros e inversiones cuando la inflación sigue siendo un problema y la probabilidad de recesión es alta. Aumentar tus ingresos y disminuir tus gastos son dos formas importantes.

Estos consejos pueden ayudarte a aumentar tus ahorros, reducir tus deudas, aumentar tus ingresos y hacer buenas inversiones, tanto si eres un adulto joven listo para establecer un fondo de jubilación, como si eres una persona mayor que vive con unos ingresos fijos o un cincuentón listo para liquidar tu hipoteca.

1. Empieza por ti mismo:

En lugar de ahorrar el resto de tu dinero mensual, ahorra una parte en cuanto lo recibas. Establecer transferencias bancarias automáticas a una cuenta de ahorro o inversión es una forma de dar prioridad a pagarte a ti mismo.

2. Reserva dinero para emergencias:

Una estrategia financiera sólida se basa en una cuenta de ahorros para emergencias. En general, deberías tener ahorrados entre cuatro y siete meses de gastos.

Traslada esos fondos a cuentas de ahorro distintas si sueles retirar dinero de tus ahorros cuando no debes, para que no desaparezcan cuando los necesites.

3. Haz los deberes:

Es imprescindible investigar antes de invertir para ser plenamente consciente de los riesgos y los posibles beneficios. Antes de invertir dinero, asegúrate de conocer los términos, condiciones y comisiones. Infórmate sobre el mercado en el que pretendes invertir para poder evaluar adecuadamente las posibles oportunidades.

4. Aumenta la diversidad de tu cartera:

Poner todos los huevos en la misma cesta es arriesgado, porque puede acarrear pérdidas sustanciales si un valor o sector concreto obtiene malos resultados. Intenta diversificar tu cartera invirtiendo en clases de activos como la renta variable y la renta fija, o en sectores como la tecnología y la sanidad. Al tiempo que permite obtener beneficios potenciales de otras clases de activos o sectores, la diversificación reducirá el riesgo.

5. Reconoce tu tolerancia al riesgo:

Tu nivel de tolerancia al riesgo debe tenerse en cuenta a la hora de determinar cuánto dinero invertir en una determinada clase de activos o sector. ¿Te sientes seguro asumiendo riesgos que podrían reportarte mayores beneficios? ¿O prefieres estrategias de inversión más prudentes? Saber en qué punto del espectro de riesgo te encuentras es crucial a la hora de decidir cuánto dinero debes asignar a los distintos activos.

Debes invertir con un plan para asegurarte de que tu dinero aumenta con el tiempo. Investiga antes de invertir para ser plenamente consciente de los riesgos que conlleva. Distribuye tus inversiones entre varios activos para diversificar tu cartera sin perder de vista los niveles de riesgo dentro de tu rango de comodidad. La mejor manera de invertir dinero correctamente es maximizar las ganancias y limitar las pérdidas para crear un futuro financiero estable para ti o tu empresa.

4

Hábitos de los ricos

Aunque la riqueza se puede heredar o rara vez se consigue por casualidad, muchas personas ricas empezaron con unos pequeños ahorros e hicieron crecer su riqueza intencionadamente. La buena noticia es que podemos utilizar muchas de estas tácticas, independientemente de la riqueza con la que empecemos. Han utilizado diversas estrategias para ahorrar, invertir y acumular dinero.

Las personas de éxito atribuyen a sus hábitos la clave de su éxito. Por eso son tan frecuentes las listas que muestran estos "hábitos de las personas de gran éxito". Acceder a estas listas puede motivarte a adoptar estas rutinas en tu propia vida.

El número de personas de éxito que utilizan hábitos para gestionar diversos elementos de su vida y alcanzar el éxito es más importante que el hábito en sí.

El arte de pensar a largo plazo

El secreto está en pensar realmente a largo plazo. Esto es válido tanto si intentas crear un hábito nuevo y positivo como si quieres romper con uno antiguo o perseguir tus aspiraciones. Sí, tiene sentido. Tópicos como "la paciencia es una virtud" y "despacio y con constancia se gana la carrera" formaban parte de nuestra educación. Pero en algún momento nos olvidamos de esas enseñanzas. Creo que ocurrió más o menos cuando Internet de alta velocidad se hizo realidad.

Nuestra sociedad ha evolucionado hacia una que busca -no, exige- el placer inmediato. Todo lo que deseamos, lo queremos AHORA MISMO. Buscamos constantemente métodos para agilizar nuestras vidas. La verdad es que no se pueden hacer trampas para alcanzar el éxito. No hay atajos rápidos cuando se forma un nuevo hábito o se domina una nueva habilidad.

Claro que hay muchos falsos. Muchas personas afirman que tienen la fórmula para el éxito rápido. Incluso mejor, ¡te proporcionarán esa información a cambio de sólo cuatro cuotas de 99,99 dólares! Sin embargo, a la hora de la verdad, el éxito que dura toda la vida sólo se puede encontrar pensando estratégicamente.

Ahora la pregunta es: ¿Cómo puede una cultura que se ha obsesionado con la satisfacción rápida cambiar de marcha y redescubrir el valor de pensar a largo plazo? Algunas de mis ideas pueden ser útiles. Analicémoslas.

No te limites a exponer tus objetivos; expón también tus fuerzas motrices.

Pregunta "por qué" a menudo y con especificidad hasta que identifiques el elemento que te proporcionará el impulso necesario. Simplemente, ¡toma ideas de tu niño pequeño favorito! Por ejemplo, si tu objetivo es hacer ejercicio a diario, tu reacción inicial a la pregunta "por qué" podría ser "porque quiero estar más sano".

¿Por qué? ¿Por qué deseas mejorar tu salud? La respuesta puede ser: "Porque quiero vivir más". Quiero ver crecer a mis hijos, por eso. ¿Por qué? "Les prometí que estaría siempre a su lado el mayor tiempo posible, y los adoro". Eso es lo que te mueve: no sólo un genérico "quiero estar más sano", sino también el amor y una promesa que hiciste a tus hijos.

Razonar con lógica

En un estudio, los realistas afirmaron sentir "una mayor sensación de bienestar a largo plazo que los optimistas", sobre todo en lo que respecta a "decisiones sobre empleo, ahorro y cualquier elección que implique riesgo e incertidumbre".

Sin embargo, se aseguraron de señalar que el pensamiento negativo no debe sustituir al buen pensamiento. Además, los pesimistas obtuvieron peores resultados que los realistas, lo que socava la idea de que las bajas expectativas pueden evitar la decepción y conducir a la satisfacción.

Encontrar un equilibrio feliz entre pensar de forma positiva y realista es, en mi opinión, la clave del éxito. Ten metas realistas, pero ten fe en tu capacidad para alcanzarlas.

Establecer objetivos y crear un plan

Los objetivos a corto plazo son, sin duda, peldaños hacia el éxito que el pensamiento a largo plazo allana. Esto es válido tanto para cambiar tus hábitos como para hacer realidad tus sueños.

Volvamos al hábito de ejercicio diario que estamos intentando establecer. Si no has hecho ejercicio, lanzarte directamente a un régimen agresivo de una hora de duración después de años de inactividad es una forma segura de fracasar. En su lugar, fíjate objetivos más pequeños. La primera semana, haz 15 minutos de ejercicio al día. La segunda semana, 30 minutos al día.

También puedes hacer lo mismo con tus sueños. Fíjate un MONTÓN de pequeños objetivos a lo largo del camino en lugar de sólo el último. Decide fijar uno para cada mes, semana o día. Necesitarás esos pequeños objetivos alcanzables para la siguiente acción.

Aprovecha tu éxito

Poner en escena tus objetivos puede ser útil en esta situación. El entusiasmo y el impulso que sientes tras alcanzar un pequeño objetivo pueden servirte para "impulsarte" hacia el siguiente, el siguiente y así sucesivamente. Puedes sentirte bien contigo mismo aunque sólo consigas un pequeño objetivo.

Sigue tu evolución

Cuanto más a menudo controles tu progreso hacia un objetivo, más probabilidades tendrás de conseguirlo. Los investigadores descubrieron que el seguimiento es útil, incluso el control periódico de uno mismo. Sin embargo, también descubrieron que el seguimiento del progreso tenía un impacto aún mayor cuando la información se documentaba físicamente o se hacía pública.

Piensa en crear o comprar un diario para registrar tus mejoras. Disfruta del viaje si ya has emprendido uno, o permítete embarcarte en uno nuevo.

Desarrollar un nuevo hábito y perseguir tus aspiraciones no debería hacerte sentir miserable. Busca la diversión en el camino. Créala si no puedes encontrarla.

Si no puedes conseguirlo, pregúntate si éste es el hábito o el objetivo que quieres perseguir. No estoy abogando por abandonar cuando las cosas son difíciles de ninguna manera. Pero abandonar está bien cuando comprendes que lo que persigues no es algo que quieras captar. Cambiar tus objetivos o tu estrategia para crear un nuevo hábito saludable es aceptable.

Recuerda que las grandes cosas llevan su tiempo.

El éxito será tuyo si cambias tu perspectiva para hacer hincapié en la planificación a largo plazo en lugar de buscar la gratificación inmediata. Aunque puede demorar más, las grandes cosas llevan su tiempo.

Ampliar tus conocimientos para mantenerte a la vanguardia

Dicen que el conocimiento es poder. Piensa en esto: Tus mentores actuales y los altos cargos con los que te relacionas a menudo en el trabajo probablemente tienen un profundo conocimiento de los bienes y servicios que ofrece tu empresa y su línea de trabajo, y puede que incluso estén al día de las noticias empresariales generales.

Las personas con más éxito del mundo descubren métodos para aplicar el aprendizaje a sus trabajos habituales.

La adquisición eficaz de información es una habilidad en sí misma. Suele determinar el acceso a oportunidades y el crecimiento en el trabajo y es la llave para abrir puertas que de otro modo estarían cerradas.

Hay muchas razones por las que el conocimiento es vital. Aprender cosas nuevas nos ayuda a pensar de forma más crítica sobre los problemas desde diversos ángulos y a perfeccionar nuestra capacidad de pensar y resolver problemas. Podemos vivir de forma más fácil y productiva con las habilidades blandas necesarias para afrontar circunstancias difíciles. Esto puede traducirse en posibilidades inmediatas de liderazgo en el trabajo. Hablemos de aprovechar tus conocimientos actuales para buscar nuevas oportunidades en tu vida personal y profesional.

1. Mira las redes sociales:

Si utilizas habitualmente las redes sociales, probablemente ya sepas cuánta gente inteligente las utiliza para compartir conocimientos. Investiga foros de internet que puedan enseñarte más sobre el tema que has elegido. Hay mucho que aprender, ya sea leyendo un despotrique de Reddit sobre ciencia de datos, viendo TikToks sobre liderazgo o uniéndote a un grupo de Facebook para aprender más sobre carpintería. Empieza preguntando a tus compañeros de trabajo qué plataformas de redes sociales han utilizado en el pasado si el tema sobre el que quieres aprender más está relacionado con tu línea de trabajo. Si no estás seguro, una rápida búsqueda en Google te mostrará varias organizaciones virtuales que puedes consultar.

2. Consulta las fuentes de noticias:

Una forma excelente de mantenerte al día sobre información fresca e importante en tu área de interés es suscribirte a boletines informativos. Es fácil: cuando te suscribes a un fantástico boletín, recibes en tu bandeja de entrada una selección de información bien elegida. Gracias a los boletines, puedes dedicar más tiempo a aprender y menos a buscar. Por ejemplo, muchos boletines electrónicos conocidos tienen excelentes sugerencias, herramientas y ejemplos para mejorar tus habilidades de escritura.

3. Escucha podcasts:

Una forma estupenda de consumir muchos conocimientos de forma rápida y sencilla es a través de los podcasts. Los podcasts suelen combinar enseñanza y entretenimiento. Expertos en nuestros campos de interés pueden proporcionarnos la información más reciente que podemos llevarnos allá donde vayamos. La ventaja de realizar varias tareas a la vez mientras escuchamos es genial. Reproducir un podcast de fondo puede hacer que conducir, las sesiones de preparación de la cena o las tareas de doblar la ropa sean más productivas.

4. Utiliza el microaprendizaje:

Una técnica conocida como microaprendizaje divide los temas difíciles en trozos manejables que pueden ofrecerse a los alumnos cuando les convenga. El microaprendizaje es un método fantástico para cualquiera que desee ampliar sus conocimientos en un momento y lugar que se adapten a su horario en esta época de vidas ajetreadas y cortos periodos de atención. En lugar de sentirte sobrecargado, reduce tu sobrecarga cognitiva adquiriendo información digerible.

5. Relaciónate con profesionales:

Habla con los mejores y ponte en contacto con ellos. Es probable que haya muchos profesionales en el área sobre la que estás aprendiendo que estarían encantados de compartir algunos de sus conocimientos. Intenta establecer contactos en LinkedIn o asistir a una conferencia presencial o virtual si no conoces a nadie. Puedes hacer preguntas como ¿Qué medidas aconsejarías a alguien que acaba de entrar en el sector para aprender nuevas habilidades e información? ¿Qué herramientas deberías adquirir si deseas mejorar esta habilidad? Antes de cada conversación, haz una lista de preguntas que te ayuden a sentirte preparado y seguro.

6. Describe a otros un concepto:

¿Sabes que la repetición de material ayuda a la memoria? Repitiéndolo a menudo, aprenderás más rápido y lo retendrás mejor. Cuando comprendas bien un tema, debes sentirte seguro al profundizar en su explicación para tus compañeros. Cuando un compañero de trabajo, un amigo o un familiar te pregunte cómo te va la próxima vez que estén juntos, cuéntale el nuevo e interesante tema que estás estudiando. Mejor aún, si alguna vez te encuentras con un experto en la materia, pregúntale si puedes transmitirle el tema que acabas de adquirir y pedirle su opinión.

7. Lee diversos materiales:

Leer literatura de calidad, incluidos libros, ensayos y blogs, es la clave para aprender cualquier cosa. La lectura aumenta el vocabulario y pone en marcha procesos mentales como la concentración, la atención, la comprensión y el análisis. Asegúrate de leer a diario y de tener siempre recursos a mano cuando aprendas sobre un tema nuevo. Además, busca materiales de lectura fiables distintos de los libros, como documentos, artículos, estudios de casos y entrevistas de fuentes fiables.

8. Haz preguntas reflexivas:

No te sientas incómodo la próxima vez que quieras pedir consejo a alguien. Cualquier persona bien informada estará encantada de compartir sus conocimientos con alguien interesado en aprender más. Cuando te sientes junto a una autoridad en un tema que te interese, actúa con respeto, reconoce que no lo sabes todo y haz buenas preguntas.

Pedido de ayuda

H ola, compañero perseguidor de sueños,

Imagina vivir en un mundo donde la abundancia financiera es la norma, tu mentalidad es de éxito, y tienes los recursos para realizar tus ambiciones de convertirte en millonario. Eso es exactamente lo que estamos viendo en "Mentalidad millonaria", no podría estar más feliz de tenerte a lo largo del viaje.

La verdad es que creo firmemente que a través del intercambio de experiencias y puntos de vista, todos podemos llegar a nuevas alturas. Por eso me pongo hoy en contacto contigo para que me des tu inestimable consejo. Tu evaluación de la "Mentalidad millonaria" puede motivar a alguien más a descubrir su potencial y desarrollar su propia mentalidad millonaria.

Tu reseña puede cambiar las reglas del juego para alguien que busque ese empujón adicional, independientemente de si este libro te ha inspirado a aventurarte fuera de tu zona de confort, te ha ofrecido técnicas prácticas para subir de nivel en tu juego financiero o ha cambiado tu punto de vista sobre lo que es alcanzable.

Por lo tanto, **si tienes unos minutos libres, te agradecería mucho que hicieras una reseña.** Cuéntanos el impacto que "Mentalidad millonaria" ha tenido en ti personalmente, cualquier avance, o incluso las herramientas y estrategias que más resuenan contigo. Puede que otros se sientan conmovidos por lo que dices y decidan iniciar su camino hacia la prosperidad y la abundancia.

Recuerda que estamos todos juntos en esto, ayudándonos unos a otros a alcanzar el éxito. Al expresar tus ideas, te unes a un grupo de personas que nos inspiramos, animamos y empujamos mutuamente para alcanzar nuestras ambiciones de ser millonarios.

Desde el fondo de mi corazón, agradezco sinceramente tu ayuda y tu deseo de cambiar el mundo. Juntos, desarrollemos mentalidades millonarias para traer abundancia a la vida de innumerables personas.

Muchas gracias.

5

Manifestando dinero y atrayendo prosperidad

La práctica de la manifestación ha ganado popularidad, pero ¿qué es exactamente y cómo puedes utilizarla para atraer una mayor abundancia financiera?

En este capítulo, hablaremos de las ideas erróneas más comunes sobre la manifestación del dinero y de consejos prácticos para llevarla a cabo.

Qué es una manifestación en realidad

Tomar conciencia de algo que ya existe se conoce como manifestación. Combina espiritualidad y desarrollo personal, y puede ayudarte a alcanzar tus objetivos financieros. Puedes crear la experiencia, incluido el éxito financiero, que deseas ahora mismo uniendo tu espíritu, mente y cuerpo.

Cuando la gente me pregunta cómo manifestar, suelo responder que centrarse en quién eres es más importante que el cómo. Está más relacionado con cómo te ves a ti mismo y a los demás y cómo ves y te relacionas con el mundo exterior. Debes pensar, sentir y actuar de forma diferente si quieres una vida diferente.

Constantemente traemos algo al mundo físico a través de nuestras ideas, que es la manifestación trabajando. Sin embargo, la mayoría de las personas se limitan a exteriorizar sus mayores ansiedades (es decir, la preocupación por que su negocio no se expanda y la necesidad de más dinero), lo que sólo alimenta su deseo de más dinero.

Desgraciadamente, ninguna varita mágica o palabra secreta te hará rico de la noche a la mañana en lo que respecta a estrategias concretas para manifestar dinero. Sin embargo, es sencillo: La manifestación del dinero tiene lugar dentro de ti.

A pesar de que las redes sociales han popularizado el concepto de manifestación, creo que algunos de sus aspectos suelen tergiversarse y malinterpretarse. Por ejemplo, elegir un color o una frase en particular no necesariamente atrae dinero; depende de cómo nos sintamos acerca de manifestar dinero y de cómo lo hagamos.

Maneras de manifestar dinero

1. Familiarízate con las leyes de la atracción y la vibración:

El dinero es una reacción a la frecuencia que emites. La "vibración" de abundancia y prosperidad atrae más riqueza y prosperidad. Sentir que ya tienes dinero es la forma más fácil de atraerlo. Incluso si tienes 10 dólares, puedes sentirte rico si practicas la gratitud por la riqueza y la abundancia.

2. Sé preciso:

El dinero llega cuando se necesita, otro concepto crucial que hay que entender para manifestar dinero. Pregúntate para qué se utilizará el dinero en lugar de limitarte a pedir más. Puede que quieras comprarte un coche, irte de vacaciones, pagar tus préstamos de estudios, etc.

3. Acostúmbrate a la sensación de gastar:

El arrepentimiento del comprador es un fenómeno común. Gastar dinero en algo que desean les hace sentirse culpables casi de inmediato. Este sentimiento es el resultado de la carencia, la restricción y la noción de que "no tengo suficiente dinero, así que cuando gasto, me siento asqueroso".

Lo que digo es que debes gastar la misma cantidad de dinero que gastas ahora, pero con un nivel de emoción diferente. Siente que "tienes" el dinero en lugar de que no tienes suficiente. Disfruta de tu compra sinceramente y con gratitud. Ahora estás operando en la frecuencia de la abundancia.

4. Prueba el enfoque 369:

Escribir lo que quieres que ocurra tres veces por la mañana, seis veces por la tarde y nueve veces por la noche forma parte del método 369. Esta técnica utiliza la repetición y la atención concentrada para recablear la mente subconsciente. Permite que alguien experimente emocionalmente lo que está escribiendo.

Sin embargo, supongamos que sigues escribiendo repetidamente una cifra financiera sin cambiar tu forma de ver y enfocar el dinero. En ese caso, esto probablemente no funcionará y sólo te frustrará. Esta estrategia es útil para los cambios de enfoque iniciales y el establecimiento de objetivos, pero lo más importante es cambiar tu forma de pensar y actuar con respecto al dinero.

5. Sitúate en un entorno de abundancia:

Aunque puede que actualmente no tengas millones de dólares en tu cuenta bancaria, puedes rodearte de situaciones en las que sí los tengas. Por ejemplo, date un paseo por la zona más cara de tu ciudad, sigue la vida de los ricos y echa un vistazo a las tiendas de lujo.

Y, a veces, incluso las pequeñas modificaciones pueden tener un gran impacto. Gasta más dinero en mejorar tu café en lugar de comprar café barato, o renuncia a la botella de agua de plástico en favor de un vaso de cristal cuando bebas agua. Sin dinero, hay muchas formas de operar en una frecuencia de abundancia. Tu concentración en la abundancia hace que reconozcas toda la abundancia que es accesible; esto es lo que te será de más ayuda.

6. Ten efectivo a mano o hazte un cheque:

Si puedes, guarda 100 dólares en tu cartera. Te sentirás rico cada vez que abras la cartera y veas el dinero que hay dentro. Además, te servirá como recordatorio de que siempre tienes acceso a más dinero. Puedes incluso emitir un cheque a tu nombre por una cantidad específica de dinero para ti mismo.

7. Considera combinar tu intención con cristales:

Los cristales por sí solos no pueden ayudarte a manifestar dinero; sólo pueden intensificar la sensación que ya tienes. Por ejemplo, el cuarzo transparente es un amplificador, así que si lo tomas mientras piensas: "Necesito dinero; soy tan pobre", estás magnificando ese pensamiento. El cristal intensificará tu operación cuando te encuentres en un plano de abundancia y prosperidad.

8. Emplea afirmaciones:

Las afirmaciones pueden suponer un reto. Si utilizas una durante demasiado tiempo, corres el riesgo de revalidar falsas creencias. Por ejemplo, cuantas más veces tengas que confirmar: "El dinero me llega continuamente y con facilidad", menos probabilidades tendrás de creer que es real. Tus pensamientos pueden llegar a decirte: "No, no viene". El secreto es creer esa nueva creencia, aferrarte a ella y luego dejarla ir. ¿Y si así fuera?

9. Concéntrate en tus visualizaciones:

Cuando se trata de manifestar, las visualizaciones son una estrategia crucial. Imagina tener más dinero en tu cuenta bancaria, un aumento de sueldo o informar a tus hijos de las vacaciones que acabas de planear para ellos. Los momentos óptimos para visualizar son antes de acostarte y al despertarte.

Aquí también pueden ser útiles los tableros de visión. Pero no olvides preguntarte: "¿Quién necesito ser para manifestar este tablero de visión?". En el tablero de visión, estás diseñando una nueva forma de vida para ti, pero aún queda trabajo interno por hacer. El verdadero trabajo es ser quien quieres ser para manifestar, lo que requiere crecimiento y desarrollo personal.

Desarrollar una mentalidad monetaria positiva

Si tu principal objetivo es cambiar tu forma de pensar sobre las finanzas, en primer lugar debes comprender la mentalidad sobre el dinero. Una mentalidad monetaria es una perspectiva global que tienes sobre el dinero.

Tu perspectiva sobre el dinero influye en tus decisiones financieras diarias. Esto puede afectar significativamente a tu capacidad para alcanzar tus objetivos. Centrarte en tener una mentalidad monetaria positiva es esencial para el éxito.

Aunque a muchas personas les resulte incómodo hablar de dinero, cambiar tu perspectiva puede ayudarte a tomar mejores decisiones a la hora de afrontar los problemas.

Comprender el dinero y concentrarte en métodos para percibirlo positivamente es esencial para el éxito a largo plazo, porque el dinero y la mentalidad van de la mano. Pero aquí está el truco: Muchos otros aspectos de tu vida cambiarán una vez que tu conexión con el dinero esté fijada.

He aquí cuatro consejos que te ayudarán a conseguir una mentalidad positiva respecto al dinero:

1. Perdónate los errores financieros:

También podrías ser un experto financiero si nunca te has retrasado en el pago de una factura o tarjeta de crédito. Para la gran mayoría, olvidar los errores financieros es crucial.

La intención es desviar tu atención de la vergüenza para que puedas avanzar hacia mejores hábitos y un futuro con una visión más optimista del dinero.

Reconoce lo que salió mal, discúlpate contigo mismo y luego concéntrate en seguir adelante si quieres perdonarte por tus errores financieros. Recuérdate a ti mismo que tú no eres tus errores financieros si empiezas a tener una actitud pesimista con respecto al dinero. Tus errores financieros anteriores no te definen hoy.

2. Establece objetivos financieros:

Establecer objetivos financieros puede ser un paso fantástico para lograr el dominio de la mentalidad monetaria una vez que hayas perdonado los errores financieros anteriores. Decide qué es lo que más te importa y asegúrate de que todo está sobre la mesa a la hora de crear objetivos.

Debes examinar qué objetivos pueden alcanzarse rápidamente, cuáles llevarán algún tiempo y cuáles deben incorporarse a tu plan a largo plazo.

La aplicación de la técnica de objetivos SMART garantizará que estos objetivos financieros sean Específicos, Medibles, Alcanzables, Relevantes y Con un plazo de tiempo, una vez que los haya seleccionado.

3. Optimiza tu presupuesto para la felicidad:

Conocer tu mentalidad monetaria requiere mucho esfuerzo. Sin embargo, optimizar tu presupuesto para incluir cosas que te hagan feliz será mucho más fácil.

Si inscribirte en un gimnasio o salir a cenar te hace feliz, planifica tus gastos para tener en cuenta estas cosas. El presupuesto te parecerá menos pesado si no te sientes hambriento.

Una regla razonable para hacer un presupuesto es destinar el 50% de tus ingresos a necesidades como vivienda, comida, gasolina y medicamentos, el 30% a deseos como vacaciones, aprender por fin a tocar un instrumento, y el 20% a ahorrar. Si lo haces, el 20% puede utilizarse para saldar cualquier deuda que tengas inicialmente.

4. Infórmate sobre el dinero:

Por último, edúcate sobre el dinero para tener una visión positiva del mismo. Pasa tiempo con personas que compartan esos valores, lee libros que fomenten el pensamiento positivo y vigila lo que publicas en las redes sociales para evitar propagar el pesimismo sobre el dinero y el gasto.

- **Lectura de libros** - Tu percepción del dinero influye considerablemente en tu realidad financiera. Aunque tus padres y otros factores externos pueden haberte inculcado determinadas opiniones sobre el dinero, la buena noticia es que puedes cambiar tus creencias sobre el dinero.

  El secreto está en exponer constantemente tu mente a ideas nuevas y edificantes que te ayuden a desarrollar nuevas perspectivas sobre el dinero.Los libros sobre mentalidad monetaria promueven la elaboración de presupuestos y un comportamiento financiero prudente, esenciales para desarrollar una mentalidad monetaria.

- **Motivarte con citas -** Tendrás más probabilidades de tener una actitud positiva hacia el dinero si te rodeas de citas inspiradoras y esclarecedoras. Busca frases que te animen a gastar dinero y a sentirte bien contigo mismo, y luego guárdalas o imprímelas para colgarlas por toda la casa.

- **Sigue a personas prometedoras -** Sigue la carrera de personas de éxito. Seguir a personas de éxito te motivará para alcanzar la grandeza, ya sea en las redes sociales, a través de un blog o de fuentes de noticias acreditadas.Además, no todas estas personas tienen que ser conocidas. Procura pedir consejo exclusivamente a quienes hayan alcanzado tus objetivos con anterioridad.Estas personas pueden ser parientes cercanos, compañeros de trabajo, mentores o figuras poderosas del mundo financiero. En cualquier caso, es mucho más fácil seguir el ejemplo de alguien que ya ha alcanzado el éxito y tiene una mentalidad de dinero favorable.

Transformar los sueños en realidad

Eres un emprendedor, un inventor y un innovador con grandes pasiones y aspiraciones. Eso es fantástico, excepto cuando alcanzar tus objetivos te parece completamente abrumador. Pero no te preocupes, puedes con ello. Sean cuales sean tus objetivos, nada está fuera de tu alcance. Utiliza estas sencillas estrategias para mantener la compostura, la confianza en ti mismo y la organización mientras te preparas para hacer realidad tus sueños.

1. Apunta alto:

El debate "¿dónde te ves dentro de cinco años?" puede ser bastante estresante, sobre todo si no estás seguro de la dirección que quieres tomar. Puede ser muy reconfortante plantearte el futuro, pero no te limites a lo que parece más razonable o tradicional. Tienes mucho potencial y hay innumerables oportunidades para ti. Sueña a lo grande y piensa con originalidad. Tú eres el arquitecto de tu futuro.

2. Ve tus objetivos con claridad:

Sí, tener grandes sueños es vital. Pero si no tienes una idea clara de lo que quieres, hacer realidad esos deseos será mucho más difícil. Cuando plasmas tus objetivos en un tablero de visión, tu imaginación desbordante adquiere más estructura. El uso de tableros de visión puede inspirarte y motivarte para lograr tus objetivos. Aunque los tableros de visiones pueden servirte de hoja de ruta para tu futuro, su mejor característica es que son flexibles; puedes cambiarlos tantas veces como sea necesario sin perder su buen impacto.

3. Descansa cuando lo necesites:

Los estudiantes están sometidos a una enorme presión para saber exactamente qué quieren conseguir con el resto de sus vidas y trabajar sin parar para alcanzar ese objetivo. Date un respiro si estás agotado por el ajetreo diario. Practicar una pausa de cinco minutos es un método fantástico para relajarte y volver a centrarte en momentos de mucho estrés. No dejes que te agoten; no te sientas mal por hacer una pausa de vez en cuando.

4. Desiste de compararte con los demás:

Puede resultar molesto ver cómo tus amigos alcanzan hitos importantes, sobre todo si sientes que te estás perdiendo los mismos éxitos. Es prácticamente imposible dejar de compararte con los demás, así que intenta que no te moleste. Sustituye las frases negativas por frases de apoyo y los celos por gratitud. Puedes mejorar tu confianza para emprender la siguiente tarea reconociendo incluso los logros más pequeños.

5. Mantente organizado con una lista 1-3-5:

No siempre es tan fácil como parece acordarse de todo lo que hay que hacer en un solo día, sobre todo cuando los proyectos se acumulan y los plazos se cruzan. Aunque crear una lista de tareas estándar te ayudará a agilizar esos deberes, una lista 1-3-5 te hará la vida aún más fácil. Haz una lista de todo lo que tienes que hacer antes de empezar. A continuación, clasifica esas tareas en tres categorías: grandes, medianas y pequeñas. Puedes priorizar tus tareas y utilizar una lista 1-3-5 para gestionar tu tiempo bien y con determinación.

6. No dejes que los pequeños contratiempos te desmoralicen:

Incluso con la estrategia más meticulosa para tu futuro, nunca sabes qué sorpresas te puede deparar la vida. No permitas que una pequeña decepción te haga descarrilar, ya sea un día de entrenamiento lento o el rechazo de una oportunidad que estabas buscando. Aunque estos fracasos pueden ser desalentadores en el momento, también presentan excelentes oportunidades para seguir desarrollándote. En ocasiones, desviarte del rumbo previsto puede ser un paso en la dirección correcta.

7. Utiliza tu comunidad:

No tienes por qué perseguir tus aspiraciones solo, aunque sean especiales para ti. Ten siempre presente que cuentas con el apoyo de amigos, familiares, entrenadores, instructores y mentores a tu alrededor. La gente de tu comunidad se preocupa por ti y quiere verte triunfar, así que nunca tengas miedo de pedir ayuda u orientación.

6

Superar los retos
en el camino
hacia la riqueza

L a mayoría de las personas coincidirían en que alcanzar la independencia financiera es su principal objetivo financiero. Los que ya han alcanzado la libertad financiera podrían cambiar su objetivo por el de mantener su independencia. Es importante analizar algunos de los principales retos que se interponen en el camino hacia la consecución de esos objetivos y plantearse soluciones.

Hay que superar varios obstáculos para tener éxito cuando se intenta alcanzar objetivos financieros. Comprender los retos que se interponen en tu camino y disponer de una estrategia para superarlos te ayudará a mantenerte en el buen camino, tanto si tu objetivo es desarrollar un patrimonio, ahorrar para la jubilación, saldar deudas, comprar una casa o alcanzar otras metas.

Afrontar los fracasos y los contratiempos

Por desgracia, no hay forma de garantizar que no fracasarás. Inevitablemente tendrás contratiempos, aunque te esfuerces y creas que lo estás haciendo todo correctamente. Los obstáculos pueden ser difíciles y deprimentes, y posiblemente le hagan dudar de tus habilidades y tu capacidad. He aquí algunas sugerencias para cambiar de perspectiva y aprender a manejar los contratiempos:

1. No dejes que te afecte:

La gente suele pensar que los fracasos son un reflejo de su identidad, lo que no contribuye a aumentar la confianza y autoestima. Entender la diferencia entre fracasar y fracasar en algo es crucial para superar el miedo a los retos. En realidad, le ocurre a todo el mundo. Sí, incluso algunas de las personas con más éxito se han sentido defraudadas. John Lennon fue expulsado del Liverpool College, Oprah Winfrey fue despedida de su primer puesto de presentadora de televisión y Walt Disney fue criticado por falta de imaginación por el director de un periódico. Los fracasos no influyen en tu capacidad de éxito. Con esto en mente, pregúntate: "¿Qué haría si no tuviera miedo a fracasar?".

2. Considera el fracaso como una oportunidad de mejora:

Cuando surjan nuevas dificultades para alcanzar tus objetivos, haz una pausa para reflexionar. ¿Por qué fracasaste? ¿Estaba el motivo fuera de tu control? ¿Hay alguna lección que aprender? Cuando fracasas, aprendes de la experiencia y te acercas al éxito. Estas limitaciones pueden incluso inspirarte para desarrollar nuevas ideas. En última instancia, debes ver tus decepciones como oportunidades para reflexionar, mejorar y seguir adelante. Nada podrá impedir que hagas realidad tus sueños una vez que hayas cambiado de perspectiva.

3. No te centres en tus fallos:

El arrepentimiento, la rabia, la decepción y la desesperación son sentimientos desagradables que debes permitirte experimentar. Sin embargo, no debes regodearte en tu pérdida porque ya ha ocurrido y no puedes hacer nada para revertirla. No pierdas el tiempo lamentándote. Aprende de tu lucha y continúa. Es más fácil decirlo que hacerlo, pero cuanto antes superes el fracaso, antes te recuperarás.

4. Reconoce el valor de la perseverancia:

Thomas Edison lo intentó numerosas veces antes de dar con la bombilla. Tuvo éxito gracias a su constancia y tenacidad. Una vez dijo: "No he fracasado", algo que probablemente hayas oído antes. Hace poco descubrí 10.000 métodos que no funcionan. Si crees de verdad que merece la pena, tu estrategia para tener éxito se beneficiará de tu tenacidad y perseverancia.

5. Reconoce la importancia de la imagen global:

Da un paso atrás y considera tus contratiempos de la forma más lógica posible. ¿Has sacado mala nota en un examen? Piensa en esa decepción durante un segundo. Después, considera todos los exámenes que has hecho en el instituto y cuántos harás en la universidad. Seguro que esa suma crece rápidamente. De repente, esa nota tan baja no es para tanto. Si mantienes las cosas en perspectiva, te darás cuenta de que ese fallo no te hará más difícil tener éxito.

El fracaso es inevitable, pero aprender a manejarlo puede ayudarte a triunfar. Independientemente de los obstáculos que encuentres, ten fe en ti mismo porque tu futuro es brillante.

Superar el miedo y la aversión al riesgo

Incluso los líderes de renombre suelen tener miedo a asumir riesgos; sin embargo, los empresarios deben asumir riesgos importantes para prosperar. El éxito no necesita que asumas riesgos de forma natural, y comprender cómo funciona el miedo puede ayudarte a vencerlo.

Tu cerebro se concentra en la aversión a la pérdida cuando sientes miedo y desgana, lo que significa que está intentando mantenerte a salvo. Fue una táctica adaptativa que evitó que nuestros antepasados murieran.

En ese modo, el cerebro se vuelve excesivamente analítico. Enumera todo lo que podría salir mal y trae a la memoria fracasos anteriores para mantenerte a salvo. La vía de la recompensa es un sistema de nuestro cerebro que provoca la producción de neurotransmisores que nos hacen sentir bien cada vez que realizamos una tarea emocionante o inusual. Este sistema anula la aversión a la pérdida, lo que fomenta la asunción de riesgos.

Las personas con circuitos de recompensa naturalmente activos se concentran en la novedad o la acción. Adopta algunas de sus técnicas para centrarte en las ventajas del riesgo y superar tu miedo. Aquí tienes tres ideas para empezar:

Las ventajas e inconvenientes no deberían considerarse

Tomar una decisión acertada a la hora de asumir un riesgo sólo requiere un poco de estudio y corazonadas. Un pantano de ventajas e inconvenientes sólo despertará ansiedad. Cuanto más analítico te vuelves, más se activa la región de tu cerebro que provoca ansiedad y desmotivación.

Si tu instinto te dice que digas que sí, lánzate y ve adaptándote sobre la marcha para evitar que el miedo se apodere de ti. Aunque esto no implica que debas comportarte de forma descuidada, cuanto antes empieces a actuar, menos probabilidades tendrás de asustarte.

Reconoce tus miedos

Aprender a superar el miedo es similar a enfrentarse a cualquier dificultad en el sentido de que primero hay que reconocer el obstáculo antes de superarlo. ¿Qué es exactamente lo que te aterroriza? Siéntate en silencio y observa tus pensamientos, emociones y sensaciones físicas durante unos minutos. Escribe tus pensamientos, siendo lo más detallado que puedas. Para ser más consciente de tus motivaciones, practica a diario la meditación de atención plena. A medida que te asientes en tu núcleo, te sentirás preparado para enfrentarte a tus preocupaciones.

Márcate muchos objetivos pequeños

Empieza poco a poco estableciendo varios objetivos alcanzables que puedas completar rápidamente para ganar confianza a la hora de asumir riesgos. Incluye algunos que den un poco de miedo, pero el objetivo principal es tener éxito de forma constante.

Tus primeros éxitos te animarán a correr riesgos más importantes. Nuestro cerebro libera dopamina cada vez que tenemos éxito, lo que nos anima a volver e intentar el siguiente éxito. En ese momento, estarás preparado para actuar y será menos probable que te quedes paralizado por el temor a posibles pérdidas, así que ya puedes arriesgarte a lo grande.

Reconoce cómo se puede utilizar el miedo para hacer el bien

Nuestras emociones sirven como forma de comunicación. Tu espíritu intenta comunicarse contigo cuando experimentas miedo, así que presta atención. Si experimentas un estrés abrumador o te distrae una ansiedad leve pero persistente, probablemente tengas un miedo reprimido que requiere atención. Apoyarse en la ansiedad es necesario para superar el miedo en lugar de evitarlo. Considera el miedo como un conocimiento y no como un peligro para tu supervivencia. La ansiedad no puede arruinar tu vida si aprendes a utilizarla en tu beneficio. Cuando vences al miedo, se convierte en tu aliado y en una valiosa fuente de orientación para desarrollar tu máximo potencial.

Afronta el miedo

Hay momentos apropiados tanto para la acción como para la introspección. Demasiada prisa por superar el miedo puede dar lugar a acciones perjudiciales para el bienestar, como tomar una copa, darse un capricho de comida reconfortante o reprimir las emociones. La próxima vez que sientas miedo, quédate quieto. Pasa algún tiempo sentado con tu miedo. Piensa en lo siguiente. ¿Cuál es la causa principal? ¿Es miedo a lo desconocido? ¿Miedo a fracasar? ¿Qué excusa te das para ser incapaz de superar ese miedo? Reflexionar un momento puede ayudarte a enfrentarte a tus miedos de forma decidida, deliberada y poderosa.

Establece objetivos que sean "OBLIGATORIOS".

Los objetivos que nos fijamos y que no nos inspiran o son difíciles de alcanzar suelen obstaculizar nuestra capacidad para superar el miedo. Para cambiar esto, considera lo que implicaría tu vida deseada y meritoria. ¿Trabajas activamente para conseguirlo o es simplemente un plan para "algún día, tal vez"? ¿Es algo que puedes lograr y con lo que estás dispuesto a comprometerte? El primer paso para vencer el miedo es determinar si te estás fijando un objetivo convincente. ¿Te sentirás satisfecho si lo consigues? Por el contrario, ¿te sentirás perdido si no lo consigues?

Céntrate más en tu objetivo. ¿Qué quieres que ocurra? ¿Un aumento del dinero en el banco o un crecimiento financiero? Tal vez anheles la libertad de viajar adonde quieras y cuando quieras. Piensa en cómo cambiará tu vida si no consigues este resultado y contrástalo con cómo cambiará tu vida si lo consigues. Cuando crees que conseguir tu objetivo es crucial, el miedo a rendirte supera al miedo a fracasar y te sientes motivado para pasar a la acción.

Identifica las excusas

Aplazas las cosas por miedo. "Estoy agotado. Debo realizar otras tareas. En cualquier caso, es una mala idea". Sin duda, estas justificaciones te parecen similares. Lo más probable es que te hayas dicho estas palabras en voz alta.

Reconoce cuándo estás poniendo excusas y busca una solución. ¿Demasiado cansado? Deberías reorganizar tu horario para poder dormir mejor por la noche. ¿Demasiado poco tiempo? Examina tus prioridades para ver de dónde puedes sacar más tiempo. Y la próxima vez que se te presente una excusa, decide que no vas a sucumbir a la vocecita que te insiste en que digas "no", porque hacerlo no contribuirá en última instancia a tu crecimiento.

Rodéate de personas de éxito

El poder está en la proximidad. La ley de la atracción, o la noción de que, en esencia, te conviertes en las personas de las que te rodeas, es otro nombre para esto. Experimentarás en la realidad exactamente lo que retienes en tu cabeza con regularidad. Es hora de evaluar tu enfoque si has conseguido que todos tus "deberías" se conviertan en "debes" y eres consciente de tus excusas, pero sigues sin saber cómo enfrentarte a tus miedos y alcanzar tus objetivos.

Las personas comprometidas con la superación del miedo y la consecución de sus objetivos se rodean de individuos con ideas afines. Este es el tipo de personas que te inspirarán y te impulsarán a cumplir tus objetivos. Elevar tu nivel de exigencia y permitir que la gente te haga responsable te ayudará a vencer el miedo.

Debes estar en compañía de personas que asumen riesgos

La exposición es un componente clave de la comodidad ante el riesgo. Será mucho más probable que tú mismo asumas riesgos si cuentas con personas en tu círculo social -y especialmente en tu familia- que han estado dispuestas a hacerlo. El componente social del espíritu empresarial es importante.

Adopta una mentalidad de crecimiento

Cuando tienes miedo, sueles quedarte quieto. ¿Y si calculas mal? ¿Y si fracasas? Empiezas a pensar que no puedes avanzar en absoluto; el miedo te lo impide. Desarrollar una mentalidad de crecimiento es una de las estrategias más eficaces para superar la ansiedad y el miedo. No se trata de alcanzar tus objetivos y ser impecable en todo momento. Deja de aspirar a la perfección; nadie es perfecto en todo momento. La piedra angular de una mentalidad de crecimiento es sentirse a gusto con lo que no se sabe y seguir adelante, a pesar de todo.

Encuentra la sabiduría en el dolor

A nadie le gusta sufrir dolor. La mayoría de nosotros tomamos enormes medidas para evitarlo. Pero el dolor puede enseñarnos mucho. Aceptar que el dolor formará parte ocasionalmente de tu vida y de tus esfuerzos por alcanzar tus objetivos se convierte en una oportunidad para progresar. El dolor pierde su poder y se convierte en otra arma para superar el miedo cuando dejas de verlo como un peligro para tu supervivencia.

Visualiza tus objetivos

Has hecho el esfuerzo mental de señalar las causas de tus limitaciones autoimpuestas y de hacer una lista de tus principales prioridades. Pero para ejercitar estos hábitos de forma coherente y conseguir acciones reales, debes superar el miedo.

Visualizar tus objetivos te ayuda a concentrarte, y la concentración atrae energía. Puede lograrse mediante el entrenamiento con imágenes, la meditación o el cebado. Lo más importante es comprometerte con tu objetivo y visualizar el éxito. Entrenarás a tu cerebro para que piense que todo es posible, lo cual es un primer paso importante para superar el miedo.

Acepta que fracasarás

¿Cuál es la preocupación más común que impide a la gente alcanzar sus objetivos? Fracasar. Sin embargo, el fracaso también puede enseñarnos. A menudo, el fracaso es mejor maestro que el éxito. Tendrás menos miedo al fracaso si reconoces desde el principio que es un componente inherente al éxito. Puedes adquirir lecciones del fracaso que te ayuden a tomar mejores decisiones sobre tus tácticas futuras.

7

El camino hacia la libertad financiera

Tenemos muchas alternativas y libertad en la vida gracias al dinero. El objetivo último de la libertad financiera es llegar al punto en que nuestro dinero empiece a trabajar para nosotros. Es elegir los asuntos monetarios en función de la satisfacción y no de las limitaciones financieras. No suele estar claro en qué se diferencian los conceptos de "independencia financiera" y "libertad financiera", porque ambos términos se utilizan con frecuencia indistintamente.

Cuando alguien puede mantener su calidad de vida por sí mismo y mantenerse, se considera que esa persona es financieramente independiente. Describe una situación en la que una persona es independiente de otras personas en cuanto a su capacidad para pagar sus deudas. Lo contrario es cierto cuando se trata de la libertad financiera, que se define como tener ingresos pasivos, estar libre de deudas, ser capaz de manejar tus finanzas sin estrés y tener un plan de jubilación, así como otras formas de ahorro. En el camino hacia la libertad financiera, la independencia económica es la primera parada.

Muchos corredores de maratón atestiguarán que ganar una maratón requiere mucha sangre, sudor y, en ocasiones, lágrimas. Del mismo modo, conseguir la libertad financiera es un proceso que exige un sacrificio importante pero que, en última instancia, es muy gratificante.

Transformación personal y cómo lograrla

La transformación personal es el proceso mediante el cual modificamos ciertos aspectos de nuestra identidad, comportamiento y estilo de vida. La transformación personal es una declaración de buena voluntad. Representa la toma de conciencia de que no somos lo que deseamos ser. "Lo que estoy haciendo no es lo que quiero hacer. La vida que llevo actualmente no es la que quiero llevar".

La transformación personal, por tanto, es un proceso intencionado y consciente que nos ayuda a acercarnos al punto en el que podemos decir con confianza: "Soy quien quiero ser, estoy haciendo lo que quiero hacer y estoy viviendo la vida que quiero vivir." Este capítulo trata de la transformación personal con éxito, que es el núcleo de la buena salud mental y el bienestar.

Las personas que emprenden una transformación personal son lo bastante conscientes de sí mismas como para darse cuenta de que no quieren que sus vidas continúen del mismo modo. La transformación personal no es una opción sin autoconciencia, ya que no hay nada que transformar en la persona que carece de ella.

Las personas que participan en la transformación personal suelen tener mucha autoestima, confianza y apoyo. La transformación personal no está exenta de obstáculos. Muchas personas consideran la transformación personal como un compromiso continuo para ser lo mejor de sí mismas. Al mismo tiempo, algunas se sienten felices y contentas de quedarse como están y eligen un estilo de vida con pocas obligaciones para ellas. Si aún no lo has hecho, quizá debas considerar tus razones. O, si ya lo has intentado, pero no te ha salido como esperabas, piensa en cómo podrías enfocarlo de otra manera la próxima vez.

Por supuesto, los periodos dedicados a la transformación personal pueden ocurrir en cualquier momento, pero a menudo se producen en respuesta a algún tipo de desencadenante. Por ejemplo, la tristeza, el aburrimiento o simplemente el deseo de un nuevo reto pueden hacernos reflexionar sobre nuestra vida y darnos cuenta de que es necesario un cambio. O si nuestras circunstancias personales o profesionales cambian debido a un matrimonio, un divorcio, un ascenso o la pérdida de un empleo. Sin embargo, no toda transformación personal es tan intencionada o consciente como cuando ocurre espontáneamente durante etapas vitales regulares pero significativas, como la transición de la escuela al trabajo, el cambio de ocupación o la asunción de nuevos roles como convertirse en pareja o padre.

Las personas se comprometen con su transformación principalmente para cumplir determinados objetivos vitales. Aunque en ocasiones suponga un reto, invertir en nosotros mismos puede ser una experiencia fructífera y placentera. Y cuando alcanzamos nuestro objetivo y reflexionamos sobre lo lejos que hemos llegado y lo mucho que hemos cambiado, podemos sentirnos orgullosos y realizados. La transformación personal favorece nuestra capacidad para vivir con eficacia, sobrevivir y gozar de buena salud mental y física. La vida siempre nos exige, y podemos sentirnos satisfechos cuando podemos remodelar lo que somos y lo que hacemos para satisfacer esas necesidades. Sin duda, la vida nos impondrá inevitablemente expectativas que no podremos satisfacer si no nos centramos en nuestra transformación personal.

La transformación personal es un proceso que puede ocurrir en cualquier lugar y en cualquier momento. Dependiendo del tipo de transformación comprometida, ocurrirá en algún lugar. Por ejemplo, el trabajo puede ser el foco de alguien deseoso de progresar profesionalmente, o el hogar puede ser el foco de alguien que intenta ser mejor padre o madre. Si nos paramos a pensarlo, hay innumerables lugares y entornos, como iglesias, gimnasios, universidades e instalaciones deportivas. Por supuesto, la transformación personal también ocurre dentro de nosotros. También tiene lugar en nuestro interior, en nuestros cuerpos y mentes. Numerosos factores pueden contribuir a la transformación personal. He aquí algunos de los que empleo en mi trabajo.

1. Habla de tu vida con amigos y familiares de confianza a ver qué pasa - Las personas cercanas suelen ser capaces de mostrarnos dónde es necesario cambiar o dónde están nuestros puntos ciegos. Si no conoces a nadie así o quieres un punto de vista nuevo, habla con un terapeuta o un coach de vida. Infórmales de que crees que ha llegado el momento de iniciar tu viaje de transformación personal.

2. Aumenta tu autoconciencia para identificar cualquier aspecto de tu vida que desees cambiar. - Existen muchos métodos para hacerlo, algunos de los cuales se enumeran a continuación:

- **Toma un bolígrafo y algo de papel** - Escribe regularmente tus pensamientos, acciones o sentimientos, junto con las áreas de tu vida a las que pertenecen. ¿Suelen ser favorables o desfavorables? Si es así, ¿pueden mejorarse? Si son malos, ¿qué necesita atención?

- **Divide tu vida en segmentos importantes** - Como tú mismo, tu hogar, tu trabajo, tus relaciones y tu vínculo con el mundo exterior. Dedica un tiempo a reflexionar sobre estas áreas y a decidir cuáles podrían beneficiarse de una transformación.

3. Vuelve a ver tu película favorita o a leer tu libro preferido - Porque las historias tratan de la transformación personal. Tu relato favorito te ha cautivado y se ha quedado contigo por alguna razón. Busca tus pistas; a menudo están ahí.

4. Acepta el reto 0-10 - Para cada una de las siguientes áreas, elige un número que represente dónde te encuentras actualmente y otro que represente dónde aspiras a estar. Cuando alcances tu cifra objetivo, describe cómo ha cambiado tu vida. Lo que es diferente en tu vida actual puede ayudarte a identificar tus áreas de transformación.

Tú: tu identidad, autoestima y sentido de ti mismo; el pasado, el presente o el futuro; tu familia, tu hogar y tus relaciones; tu trabajo y otras circunstancias profesionales; tu salud y bienestar; tu situación económica; tu modo de vida; tu entorno social y cultural; y el medio ambiente.

Estrategias para la seguridad financiera a largo plazo

Si pasamos demasiado tiempo leyendo artículos de prensa relacionados con la inversión y anuncios en las estaciones de metro, llegaremos a la conclusión de que la mayoría de las personas se centran en lograr un rápido crecimiento financiero a toda costa.

Sin embargo, en muchos casos, los ahorradores e inversores se concentran más en la conservación del patrimonio, asegurándose de que su fondo de jubilación no se agote con el tiempo y esté disponible para su uso o transferencia cuando sea necesario.

Mantener el patrimonio puede ser un delicado acto de equilibrio que exige ser consciente de las diversas influencias que afectan al dinero. He aquí cinco maneras en que los ahorradores pueden asegurarse de que su atención se centra en la preservación.

1. Reconoce qué reduce tu capital:

El dinero puede perder valor si se mantiene ahorrado a toda costa. Esto se debe a que tu cartera puede agotarse por dos causas, aunque tengas dinero en tu cuenta.

La primera es la inflación, que es especialmente problemática porque es alta y los tipos de interés también son históricamente bajos. El dinero de la mayoría de nuestras cuentas bancarias está perdiendo valor gradualmente porque el tipo bancario es sólo del 0,5%, y la inflación es actualmente del 2,5%.

Los impuestos son la segunda fuerza con la que hay que tener cuidado. A menos que esté contenido en instituciones libres de impuestos, todo aumento de riqueza que supere unos umbrales específicos puede estar sujeto al impuesto sobre la renta o a las plusvalías, dependiendo de su forma. Esto es cierto, sobre todo cuando el patrimonio se transmite de generación en generación, y el impuesto de sucesiones también es un factor a tener en cuenta.

2. Ten en cuenta la protección:

Proteger el patrimonio frente a imprevistos como la enfermedad, la muerte o la responsabilidad por accidente es un componente clave de la conservación del patrimonio.

Por ello, todo el mundo debería pensar en cómo los seguros o la protección pueden ayudar a preservar el dinero. Un plan sólido para la preservación del patrimonio incluye un seguro de vida, un seguro de enfermedad crítica y pólizas de seguro de alta calidad que proporcionen cobertura legal y daños involuntarios a bienes de valor incalculable.

3. Cambia el enfoque de tu asignación de activos:

No todo el mundo aspira a "especular para acumular". Centrarte en estrategias de inversión de menor volatilidad puede beneficiar a los inversores que desean proteger su patrimonio.

Entre ellas podrían figurar las inversiones a interés fijo, los ahorros en efectivo y los planes de preservación del patrimonio basados en los ingresos por dividendos. Algunos fondos de inversión son apropiados para la preservación del patrimonio porque retienen los beneficios en épocas prósperas para moderar los rendimientos en épocas más difíciles.

Los rendimientos a largo plazo de las inversiones de mayor riesgo pueden ser más elevados. Aun así, si el objetivo principal es la conservación del patrimonio y no el crecimiento, la volatilidad de estas inversiones puede no ser esencial.

4. Para proteger tu patrimonio, diversifica:

El dicho "No pongas todos los huevos en la misma cesta" nunca se ha aplicado más que en el caso de la conservación del patrimonio.

Mantener el patrimonio también implica mezclar varias clases de activos y asegurarte de que tus inversiones se reparten entre varias industrias y regiones. Puede ser necesario buscar ayuda profesional para garantizar que una cartera diversificada contenga activos que puedan utilizarse como seguro frente a diversos escenarios económicos.

5. Haz planes para preservar la riqueza de las generaciones futuras:

Las medidas para evitar que el dinero se agote a causa de los impuestos se hacen mucho más urgentes si se pretende que la conservación de los activos dure mucho tiempo.

Hacer testamento, asesorarte sobre las leyes estadounidenses de donaciones que permiten dar dinero a familiares libres de impuestos y, posiblemente, utilizar fideicomisos para garantizar la protección del dinero a lo largo del tiempo son medidas necesarias para proteger una cartera contra el impuesto de sucesiones y garantizar que se transmita a la siguiente generación.

Los entusiastas del ahorro pueden estar tranquilos sabiendo que su dinero se está conservando al máximo siguiendo estas medidas.

Conclusión

No existe una receta fácil de seguir para hacerse rico. Quizá se te ocurra un concepto maravilloso y lo lleves a cabo. Quizá encuentres un cofundador fantástico para tu negocio. Como la mayoría de nosotros, puede que te esfuerces mucho, pero también que tomes decisiones financieras acertadas e inviertas en tu camino hacia la riqueza.

Una mentalidad millonaria no surge de la noche a la mañana. Requiere visión, entusiasmo y un enorme esfuerzo. Reconoce que cualquier contratiempo es típico y sirve como oportunidad de aprendizaje. Ten paciencia y sé consciente de ello.

La confianza y la libertad financiera son fácilmente alcanzables si se tienen claros los objetivos y se mantiene la motivación.

En última instancia, cada cual debe elegir el camino que más le convenga. Sin embargo, quienes sepan cultivar y mantener una mentalidad de riqueza acabarán imponiéndose.

www.ingramcontent.com/pod-product-compliance
Lightning Source LLC
Chambersburg PA
CBHW021959190326
41519CB00010B/1326